深呼吸，靜下來

給孩子的正念練習

新雅文化事業有限公司
www.sunya.com.hk

目錄

新雅 · 成長館

深呼吸，靜下來：給孩子的正念練習

作　　者：温恩·金德（Wynne Kinder M. Ed.）
翻　　譯：潘心慧
責任編輯：林沛暘
美術設計：蔡學彰
出　　版：新雅文化事業有限公司
　　　　　香港英皇道499號北角工業大廈18樓
　　　　　電話：(852) 2138 7998
　　　　　傳真：(852) 2597 4003
　　　　　網址：http://www.sunya.com.hk
　　　　　電郵：marketing@sunya.com.hk

發　　行：香港聯合書刊物流有限公司
　　　　　香港新界大埔汀麗路36號
　　　　　中華商務印刷大廈3字樓
　　　　　電話：(852) 2150 2100
　　　　　傳真：(852) 2407 3062
　　　　　電郵：info@suplogistics.com.hk
版　　次：二〇二〇年三月初版

版權所有·不准翻印
ISBN: 978-962-08-7405-5

Original Title: CALM Mindfulness for Kids
Copyright © 2019 Dorling Kindersley Limited
A Penguin Random House Company

Traditional Chinese Edition © 2020 Sun Ya Publications
(HK) Ltd.
18/F, North Point Industrial Building, 499 King's Road,
Hong Kong
Published in Hong Kong
Printed in China

A WORLD OF IDEAS:
SEE ALL THERE IS TO KNOW
www.dk.com

安全指引

請家長指導孩子進行這本書的正念練習，並在必要時加以幫忙。留意孩子的局限，不要勉強或強迫他們去做。畢竟訓練意識和集中力是心理上的挑戰，而身體活動也有受傷的風險。如果孩子患有情緒病，這些練習可能會有幫助，但請先徵詢醫生的意見。

序

你好！歡迎你翻開《深呼吸，靜下來：給孩子的正念練習》。你可能很好奇，想知道這本書的由來，以及兒童正念到底是怎麼回事。好，讓我來告訴你吧！

我是老師，也是家長，而且很久以前還是個小孩子，就像現在的你。跟你一樣，我的那些年有很多平順的日子，也遇過很多挑戰。不順的日子感覺壓力很大，每一天都很繁忙，又充滿了強烈的情緒和學業方面的憂慮，更時常跟弟弟爭執。每個人都有自己必須經歷和學習的事情，而剛才所說的，正是我個人的挑戰。

我長大後，在教書期間發現了什麼是正念。我多麼希望小時候就知道正念這回事！要是當時有那麼安全有效的工具，我就可以自己去探索、學習和練習。這是一種自我管理的工具，能幫助我管理情緒，了解內心的想法，以及欣賞自己的身體。

我試過各式各樣的正念練習——動態、靜態、有聲、無聲，甚至有些頗為奇怪的。然後，我學會了怎樣跟我的學生，還有我的孩子分享。這本書收集了很多正念練習，你既可以一個人做，也可以跟家人和朋友一起做。

　　有個策略對很多初學的學生特別有效，就是像試鞋那樣，逐一嘗試每個正念練習。要記住，總有些練習適合你，有些並不適合；有的以後才適用，有的一直都不適用。別擔心，這些練習全部可讓你隨意探索、調整、重複使用或留待以後使用。

　　好好享受吧！

溫恩・金德（Wynne Kinder）有將近三十年的教學經驗，起初教數學、科學、閱讀和寫作，直到2004年轉向正念教育。溫恩至今仍不懈地研究正念，並與學校的老師和家長緊密合作。她為老師設計正念訓練和教材，並為GoNoodle編寫網上資源。

我們的腦子很容易會充滿各種雜念。即使是愉快的念頭，若有太多東西在腦子裏打轉，也會讓人心神不定或心煩意亂。

正念
Mindfulness

正念是個深奧的名詞，但意思很簡單，就是用心去留意當下的那一刻。人經常會分心，的確需要操練才能用你的感官把意念集中在一件事上，學習活在當下。

你可以練習每次只把注意力集中在一件事上，問問自己看見、聽到、聞到、嘗到或感覺到什麼。

給家長的話

剛開始學習正念時，可能會有點難度。家長可以透過圓圈內所提供的資料，認識怎樣鼓勵孩子，分享經驗，或什麼時候使用適當的活動。

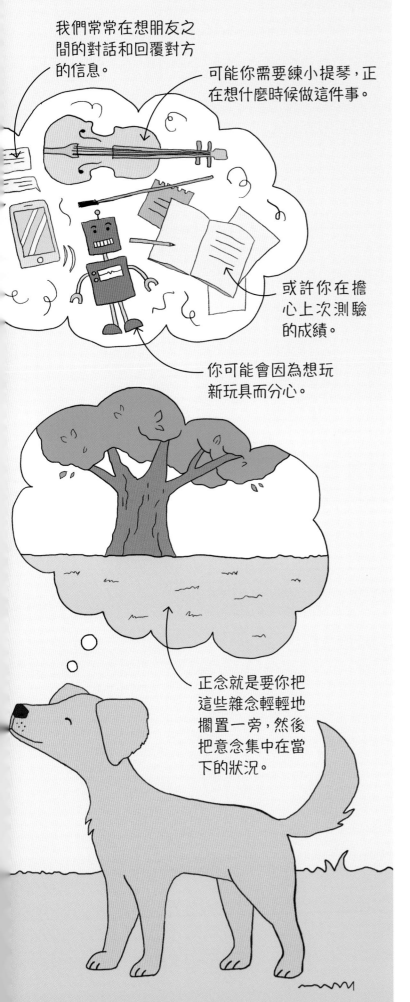

我們常常在想朋友之間的對話和回覆對方的信息。

可能你需要練小提琴,正在想什麼時候做這件事。

或許你在擔心上次測驗的成績。

你可能會因為想玩新玩具而分心。

正念就是要你把這些雜念輕輕地擱置一旁,然後把意念集中在當下的狀況。

怎樣善用這本書?

本書一共有六章,你可以按照個人的需要,選擇在不同時間閱讀。每一章都有不同類型的正念練習和手工活動,讓你獨個兒或和朋友一起探索。

設各章簡介,解釋每個正念練習的特點和好處。

正念練習的示範。

各項活動的步驟和清單告訴你該怎麼做,還有需要什麼工具或材料。

彩頁圖助你進入正念思考。

只要多加
練習，你的
注意力是會
加強的。

你可以
集中、轉移、
聚焦、傾盡、
擴大或分散
注意力。

集中注意力
Focus

你的大腦有很多重要的任務，讓你能自動聞到、嘗到和看見東西。負責注意力的那部分，則讓你意識到身體內外的狀況。進行正念練習時，你要盡量把注意力集中在當下的那一刻。

每個人都會
走神或**分心**，
這是正常的。

練習 1
拍拍手

只要注意力集中在某一處，你就會知道它是怎麼操作的。刺激你的觸覺，有助集中注意力。

給家長的話

你可以用問問題的方式，幫助孩子集中注意力。例如：拍手後，你的手有什麼感覺？會不會有點發麻？兩隻手的感覺一樣嗎？

① **試把注意力集中在手**的感覺。拍三下手，然後停下來。

② **你有什麼感覺？**看看可不可以把焦距拉近，只集中在其中一部分，例如右手尾指的指尖。

拍手能給你的手製造觸覺刺激。

試試把注意力擴大到整個手掌，然後再集中在其中一部分。

9

把目光和注意力集中在房間裏的一個物件上。眼睛看着它，也可以同時用手指指着它。

現在，把注意力轉移到另一個物件，但這次不要用手指指着。如果你開始想別的事情，要立刻讓注意力回到那個物件上。

把注意力想像成一盞聚光燈。四處照一照，讓注意力逐一停留在你看見的每件東西上。在房間裏多找幾個物件試試。

選一個物件，然後集中注意力，留意它的顏色和形狀。

你可能會發現自己留意一件東西時，周圍的一切都變模糊了。

注意力會轉移，分散

10

讓注意力停留
在每個物件上
大約十秒。

給家長的話

正念的一個
重要部分，就是察覺
到腦子裏冒出無用的思
緒，並且能夠重新集中注
意力，回到當下。

練習 2

聚光燈

正念關乎注意力，有時我們會分心，同時間想
着各種事情。但通過練習，我們可以覺察自己注意
力的狀態，還能像聚光燈一樣自如地操縱它。

試着不要分心去
想你之後打算做
的事，讓注意力
停留在這一刻。

注視完最後
一個物件後，
閉上眼睛吸
幾口氣。

返回，然後停留在某個地方。

你可以閉上眼睛，或看別的地方，只是不許偷看袋子裏的東西！

你可以給朋友一個挑戰，請他在袋子裏找你指定的物件。

用手指去感覺，用頭腦去察覺。

選一個物件，感覺它的形狀、重量和質地。先形容一下，再猜猜它是什麼。

你可以跟孩子一起玩這遊戲。如想增加難度，可以選擇一些相似的物件，例如五把鑰匙，讓孩子感覺一下它們之間的分別。

 給家長的話

切勿在袋子裏放入任何尖銳的東西！

練習 3
袋子裏有什麼？

我們的感官能提供很多關於周遭事物的信息。通常我們是靠視覺來注意事物，但也可以來玩個遊戲，讓其他感官派上用場。

神秘物件

把一些物件放進袋子裏，注意它們必須有不同的質地。例如：光滑、粗糙、柔軟或蓬鬆的。然後請你的朋友把手伸進袋子，看看他們能不能猜中裏面的東西。你和朋友可輪流在袋子裏放東西，用觸覺猜猜看！

事前準備：

- 小袋子、盒子或枕頭套
- 不同質地的物件
- 朋友

玩具

橡皮鴨摸起來形狀有點怪。

彈珠摸起來又冷又圓。

彈珠

松果或小樹枝摸起來凸凹不平。

線軸

松果

線軸有兩種不同的質感。

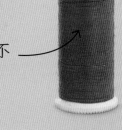

貝殼摸起來光滑而彎曲。

棉花

貝殼

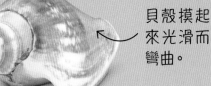

棉花很柔軟，又有彈性。

鑰匙

鑰匙摸起來很硬，涼涼的。

首先， 每次呼氣和吸氣都踏踏腳。然後停下來，注意腳踩在地上的感覺。

搖擺的幅度不用太大，只要身體有接觸到椅子的感覺就可以。

練習 4
踏、坐、搓

在這個正念練習中，你會學習利用觸覺來把注意力轉移至身體不同部位。

接着， 輕輕地左右搖擺上身三次，然後坐着不動。你可以感覺到坐在椅子上的身體部位嗎？

給家長的話

你和孩子一同
完成這個練習之後,
問問他們最容易將注意
力轉移到哪一個部位——
手、腳或臀部,並請他們
說說原因。

兩手互搓後,
應該會感到
暖暖的。

3 **最後,**兩手互搓十
下。然後停下來,把
手放在膝上,專注在
兩手的感覺。留意你
怎樣使注意力在身
體上下游走!

留意你怎樣把注意力**轉移**
至身體不同的部位。

15

讓身體呼吸

你的身體每時每刻都在呼吸,所以呼吸就好像你的一部分。檢查呼吸能幫助頭腦專注在此時此刻——當下的狀況。

自然地呼吸,集中精神,注意肋骨的移動。

把手指放在肋骨前面,大拇指放在背後。

吸氣時,有沒有感覺到胸腔把大拇指和其他手指推開?

擴張肋骨

嘗試把手放在胸腔兩側,注意吸氣或呼氣時,肋骨移動的方向。

肚子呼吸

如果你把手放在肚子上，感覺起來是不是好像肚子在呼吸？事實上，你的肚子並沒有充氣或放氣，而是肺推動了它。

在你吸氣時，胸部一層叫橫膈膜的肌肉會向下壓，使肺部膨脹。

留意你的手怎樣跟着呼吸上下起伏。

試試這樣做

將手放在肚子上。吸氣時，想像自己抱着一個正在充氣的氣球，讓肚子慢慢抬起你的手；呼氣時，感受你的手慢慢縮回去，就好像氣球正在放氣。

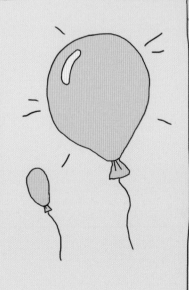

給家長的話

全神貫注地呼吸，是專注於此時此刻的好方法。我們通常不會注意自己的呼吸，但它每時每刻都進行着。只要你想，隨時可以感受到。

散散步

忙碌的日子可能會使我們感到疲倦和緊張。如果你想慢下來，休息一下，可以練習把注意力集中在身邊的景物上。可以的話，到大自然走一走，用你的感官去感受。

用眼睛去留意身邊的一切，觀察各種東西不同的形狀、顏色和大小。

到森林裏走走，讓自己沐浴在森林的氣息中，會令你感到平靜。你不用做些什麼，只需要待在那裏好好地享受。

你聽到了什麼？小鳥在唱歌？頭頂上的飛機？可能有的聲音很近，有的很遠。停住腳步，仔細聽聽那些微小的聲音。

觸覺會讓你意識到溫度和質感。試試拿起一根小樹枝，想想它給你什麼感覺——輕或重？

氣味有時很難察覺。靜下心來，閉上眼睛，讓你的鼻子發揮它的功能。你聞到了什麼？

19

集中注意力
是一個讓頭腦
冷靜的方法。

通過練習，
專注地
活動身體會幫助
你平靜下來。

平靜
Calm

平靜的心情是指內心有一種安定和寧靜
的感覺。疲倦時很容易平靜下來，但精力
旺盛時就比較難了。在你的需求和精力
不一致時，例如該睡覺時卻精神飽滿，正
念練習就能幫助你減少精力，平靜下來。

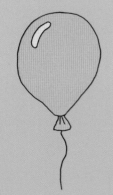

吸氣可以**提升**
精力，呼氣可以
平靜身心。

練習 7
畫手掌

這個練習「易如反掌」，只需要透過留意呼吸，就能讓你得到平靜。呼吸和正念動作相互配合，可以讓人心平氣和。別急，慢慢來。

 給家長的話

一呼一吸之間稍停一下是正常的，但閉氣太久的話，可能會帶來緊張或焦慮的感覺。

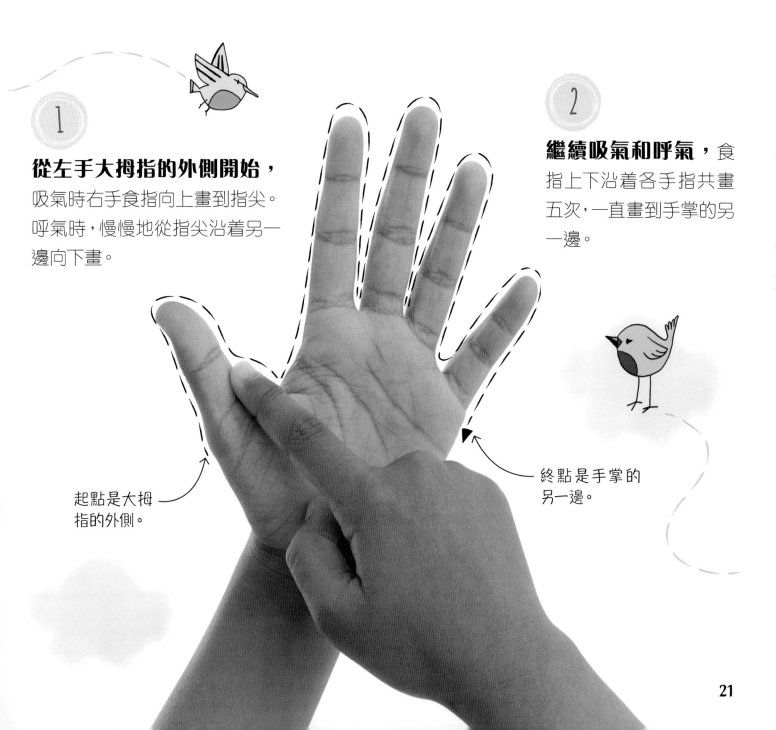

1

從左手大拇指的外側開始，吸氣時右手食指向上畫到指尖。呼氣時，慢慢地從指尖沿着另一邊向下畫。

起點是大拇指的外側。

2

繼續吸氣和呼氣，食指上下沿着各手指共畫五次，一直畫到手掌的另一邊。

終點是手掌的另一邊。

練習 8
閃亮瓶

有時我們的思想和情緒會被牽動，不容易清晰地思考。你可以使用閃亮瓶這個工具，使情緒慢慢安定下來。

1 **把水倒進瓶內，**再加適量的膠水。這樣可以使閃粉和亮片打轉，慢慢沉澱。

等一下搖搖瓶子，水和膠水便會混合一起。

2 **往瓶子裏加**閃粉和亮片，不同的顏色可以代表不同的情緒。它們一開始可能會浮在水面，但不必擔心。

感覺你的思想和情緒跟着閃粉和亮片慢慢沉澱。

☆ 給家長的話

棄置瓶子時，最好先用廚房紙把閃粉和亮片濾出，再扔在垃圾桶裏。因為大部分閃粉和亮片都是塑膠做的，不能倒進水槽。

閃粉和亮片打轉時會混合起來。

3 **把瓶蓋擰緊，**然後輕輕地搖一搖瓶子，看着閃粉和亮片攪動起來。

4

看着閃粉和亮片
慢慢下沉。你呼吸了
多少次，它們才全部
沉到瓶底？

5

每當你覺得心裏煩
亂不安，就可以搖一搖
瓶子，耐心地看着閃
粉和亮片下沉。它們沉
澱時，你有什麼感覺？

23

1

坐直，就像一座筆直的大樓。兩手交疊放在前面：下方的手是地面，上方的手是一部可以上下移動的升降機。

把手放平，掌心合在一起。

吸氣時，手掌會高過你的頭，或只到達肩膀位置。

2

一邊吸氣，一邊把升降機（上方的手）慢慢舉高，直到完成吸氣。

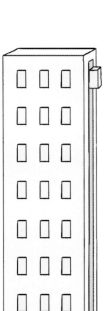

練習 9
升降機

這個練習是用動作來配合你的呼吸。你可以使用這個方法，讓自己停一停，平靜下來。

試試這樣做

嘗試閉上眼睛呼吸一或兩次，看看你能不能預測上方的手什麼時候碰到下方的手。起初未必可以準確預測，需要練習才能做到。

3

一邊呼氣，一邊
讓升降機下降，回
到原點。盡量在必
須換氣之前，使兩
手合在一起。

呼氣時，使升
降機以穩定的
速度下降。

上方的手
移動時，下
方的手留
在原位。

給家長的話

只要經常練
習，一旦孩子感到焦
慮或緊張，這個呼吸法
便可派上用場。

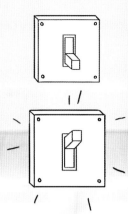

練習 10
開機，關機

有時候，我們會覺得似乎精力過剩。你可以練習以「電源開關」的方式，控制不同的肌肉，從而管理自己的精力。

你可以皺起眉頭，使額頭緊繃。

臉部緊繃時，肩膀可以向着耳朵聳起，然後和臉部一起放鬆。

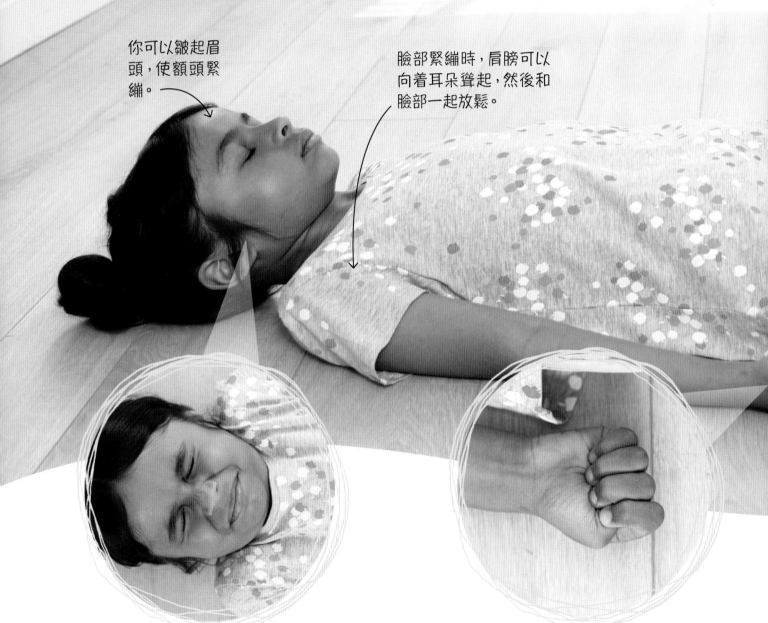

 吸氣時，開啟臉部的電源，盡量收緊所有肌肉。呼氣時，把電源關閉，放鬆臉部肌肉。

 手握成拳頭。手臂可能也會緊繃，這是正常的。吸氣時握緊拳頭，呼氣時放開拳頭。

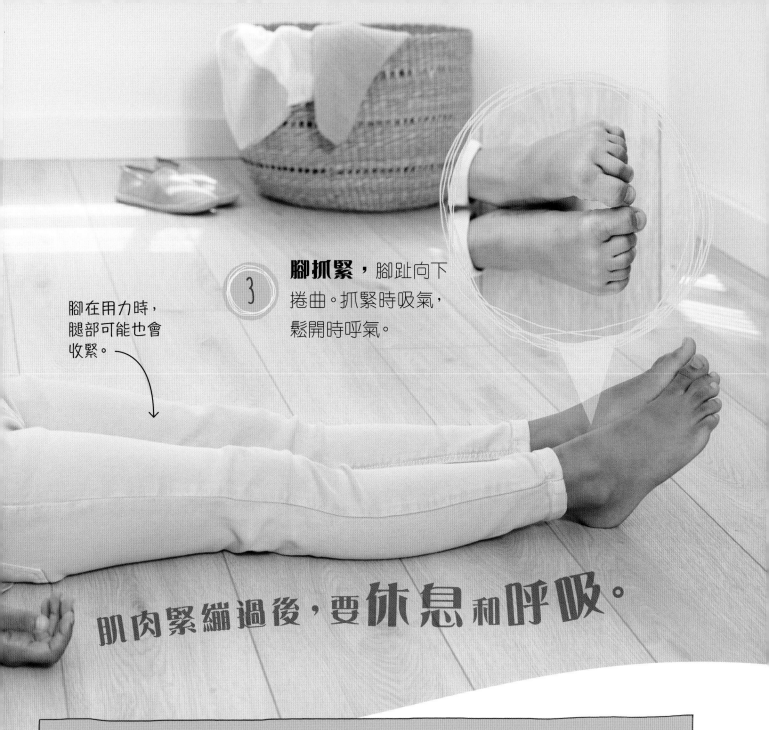

腳在用力時，腿部可能也會收緊。

③ **腳抓緊，**腳趾向下捲曲。抓緊時吸氣，鬆開時呼氣。

肌肉緊繃過後，要休息和呼吸。

試試這樣做

躺在一個舒適的地方，嘗試把身體所有電源一起開啟。記得吸氣時緊繃，呼氣時放鬆，之後立刻休息。

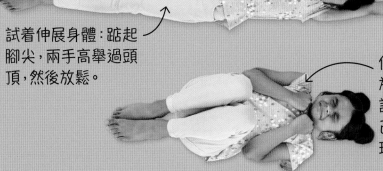

試着伸展身體：踮起腳尖，兩手高舉過頭頂，然後放鬆。

你也可以在放鬆前，嘗試用力把自己捲成一個球似的。

看海浪

　　呼吸一來一去，有如拍岸的海浪，接連不斷、起伏不停。所以海邊是個很好的地方，可以讓你集中注意力，幫助你感到平靜。

想像一下你的呼吸如同沙灘上的海浪，柔和地一來一去。把眼前這幅圖片留在你的腦海中，看着波浪湧入湧出。

跟着腦子裏海浪的節奏呼吸。吸氣時，想像海浪湧進來；呼氣時，看着海浪退去。

當你自然地呼吸時，只用了肺部十分之一的空間。但運動或深呼吸時，使用的空間會增加。

在下一個海浪湧進來時，嘗試吸一大口氣。呼氣時，想像這個大浪退得比之前的小浪更遠。

29

伸展和**彎曲**
都是大有好處的
動作。

動一動 Move

正念是教你留意自己的情緒、思想和感覺。有時候，活動一下會比較容易覺察這些事情。以正念方式活動身體，就是聆聽自己身體的聲音，多加留意生活中每一件事，即使那是一些不用思考也能做的事，例如走路。

轉圈和**扭動**
有助於放鬆
身體。

我們的**身體**是一
個能屈能伸又靈活
有力的神奇工具。

練習 12
從頭開始

留意你頭部、頸項和肩膀的感覺。這個練習一開始動作要小，這樣你才能按照自己的感覺仔細觀察、停頓、調整或減少動作幅度。

給家長的話

輕輕地轉動頭部是不會傷及頸項的，但要確保孩子不要用力向後甩頭，因為這樣做可能會扭傷頸項。

1

站直，放鬆。 慢慢地抬起下巴，再往下，重複幾次。動作多慢都可以，但頭不要向後仰。

2

下巴保持水平， 向左看，停一下，然後回到中間。接着轉向右邊，再回到中間。

3

呼氣， 頭向左邊傾斜。然後吸氣，回到中間。重複剛才的動作，但這次換成右邊。

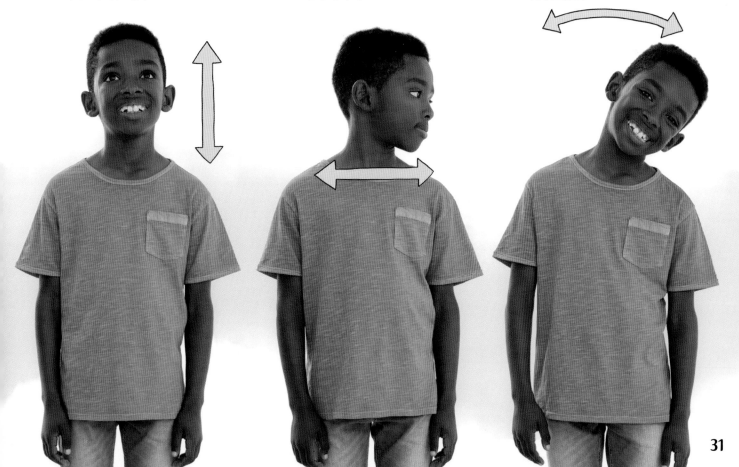

畫彩虹

用動作來配合呼吸可以提升精力，或讓你身心保持平穩。這個練習需要有一些空間，以及一點點想像力。

站直，不要動。放鬆你的肩膀，手臂自然地垂在兩旁。

放鬆手臂時手心向外。

兩臂停在與肩平行的位置。

吸氣時，手臂向外張開，緩緩舉高至頭頂，使手心相向。

試試這樣做

如果想畫出更大的彩虹，可以把手放在膝蓋前，從這裏開始畫。

向前彎腰，手臂自然地下垂。

手臂盡量向外伸展，舉高，然後慢慢把手臂放下，畫出巨型的彩虹，最後回到膝蓋。動作完成之後站直。

放下手臂時，手心再次翻向外。

3

呼氣時，把手輕輕地放下。手臂伸直，想像自己在頭上畫一道彩虹。

有些孩子閉上眼睛時較容易想像出彩虹。你可以說說彩虹的不同顏色，幫助他們想像。

給家長的話

吸氣時，張開手掌向外推。稍停，覺察你不想要的情緒。然後呼氣，放開這些情緒，同時手臂自然下垂到兩旁。

向前推，彷彿前面有一面牆。

你可以伸直手臂，也可以微彎手肘。

重複這個練習，但這次想像自己把左右兩邊的牆壁推開。

膝蓋微彎可以保持彈性。

練習 14
推和放

每個人都有可能在情緒宣洩過後，仍然耿耿於懷。你的身體可以幫助你練習放下。

第三次重複這練習時，手舉高向上推，彷彿把隱形的天花板推開。然後，輕輕放下手臂。

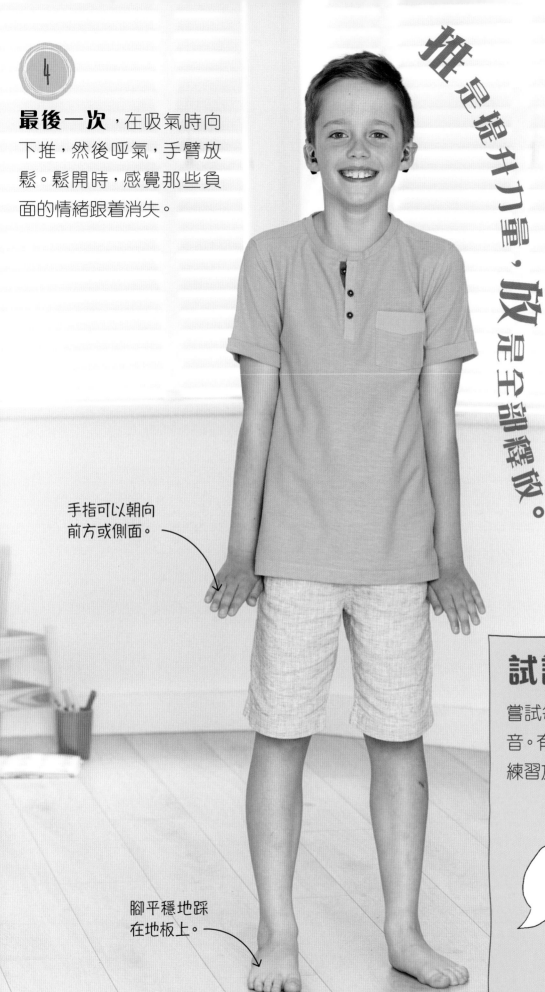

4

最後一次，在吸氣時向下推，然後呼氣，手臂放鬆。鬆開時，感覺那些負面的情緒跟着消失。

手指可以朝向前方或側面。

腳平穩地踩在地板上。

試試這樣做

嘗試每一下呼氣都發出聲音。有哪些聲音能配合你練習放下的感覺？

呼

啊

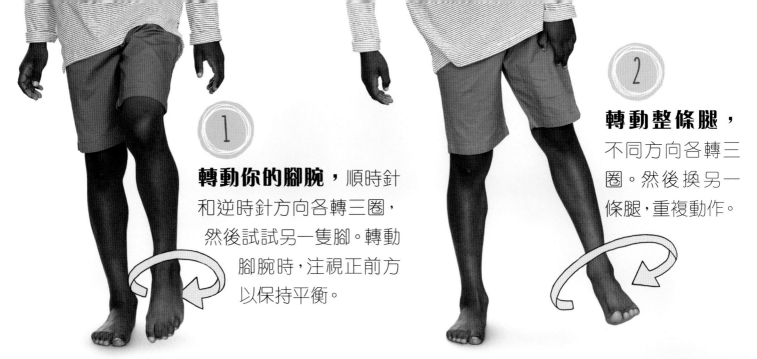

1

轉動你的腳腕，順時針和逆時針方向各轉三圈，然後試試另一隻腳。轉動腳腕時，注視正前方以保持平衡。

2

轉動整條腿，不同方向各轉三圈。然後換另一條腿，重複動作。

練習 15

轉走壓力

擔心久了就會形成壓力，讓你覺得難受，甚至緊張。這時候活動一下，放鬆身體，可以讓你心情好轉。這個練習很好玩，不妨一試！

3

手臂向旁邊舉起，肩膀慢慢地轉動，不同方向各轉三圈，然後換另一隻手試試。

4

兩手保持放鬆，然後轉動手腕，速度可快可慢。兩手交替做或同時做皆可。

給家長的話

你也加入好嗎?一起轉走壓力,放鬆一下。轉動時播放音樂或一起自創歌曲,會更加好玩!

如果注意力分散了,只要把焦點放回身體就可以。

身體有些部位可能會覺得累或緊。留意着自己的感覺,量力而為,不要過度轉動。

用臀部畫圈圈。
朝一個方向重複幾次,然後換另一個方向。

試試這樣做

嘗試用胸部畫圈圈,不同方向輕輕地各轉兩圈。上身轉動時,臀部和肩膀保持不動——這可能需要一點技巧呀!

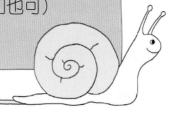

練習 16

能量黏土

這黏土對能量的反應跟人一樣。你可以用力去捏它，也可以輕輕地把它鬆開。留意一下你把玩這能量黏土前後的感覺。

 給家長的話

孩子玩夠之後，待黏土變乾，第二天才丟入垃圾桶。你也可以把它沖洗掉，但要多用些水，以免堵塞水槽。

1 **把幾湯匙的粟粉**放在碗裏。不必很準確，在碗內堆出一座小山就可以。

2 **加入適量的水，**攪拌成糊狀。要慢慢地攪，不然會結成小碎塊。要是水太多，只須再加一點粟粉。

3 **加幾滴食用色素，**然後拌勻。你可以選擇自己喜歡的顏色呢！

吸氣時，捏一捏黏土。

捏黏土時，你會發現它變成了固體！

小心！食用色素容易留下污漬。

手一鬆開，黏土便會融化。留意黏土在你手中產生變化的感覺。

(4)

捏一捏黏土，並留意黏土的變化：你用力捏它，它會變硬；你鬆開它，它又會變軟。正念動作的練習也能幫助你做到這一點嗎？

呼氣時，鬆開黏土。

練習 17

正念步行

步行大概是你不用思考也能做到，而且做得最多的事情之一。你不必集中精神去想每一步，也能自自然然地邁步。走路可以讓我們到處移動，但除此以外，還有別的用處嗎？

若要正念步行，必須到空曠的地方或人較少的行人道進行，還要慢慢地走。留心每一步，注意兩腳踏步時重量是怎麼交替轉移。

想一想什麼時間能做這個正念步行的練習。下課後在客廳做？抑或睡覺之前做？

確保自己在安全的地方
進行這個練習，因為你必須全神貫注地走每一步。若在戶外，必須有人陪伴。

每一步都要在腳提起時吸氣，腳落地時呼氣。眼睛注視正前方，以保持平衡和穩定。

記住以下口訣，助你在步行時集中注意力：「提起時吸氣，落地時呼氣」。

生活中充滿了
各式各樣的
變動。

變動既充滿
挑戰，又精彩
有趣。

變動 Change

變動可能會讓人感到害怕，但你可以學習怎樣
讓自己好過些。無論是轉校，還是家裏多了一個
弟弟或妹妹，你都可以做做正念練習，幫助你
面對這些新事物或新環境。

只要通過學習，
你也可以純熟地
應付變動。

停一停

人生總是在急速轉變，甚至讓你感到失控。你可以嘗試練習「停一停」，為各種情況做好準備。這練習的目的就是讓你在有需要時，給自己一點時間。

① 停止活動。在確保安全的情況下，留在原位不動。

② 呼吸。集中精神，自然地呼吸，毋須深呼吸。

③ 觀察。注意體內和身邊的狀況。你的身體有什麼感覺？你看到了什麼？

給家長的話

建議你和孩子每天一起做「停一停」練習。這是一個讓孩子覺察當下狀態，看看是否需要改變的好方法。

④ 行動。回到之前正在做的事情，或是換另一個動作繼續練習。

練習 19
呼吸伙伴

當你擔心某種變動時，呼吸可能會比平常急促。何不自製一個呼吸伙伴，陪你一起深呼吸，以恢復平靜？

事前準備：

- 紙杯
- 剪刀
- 裝飾的東西，如活動眼睛或毛毛球
- 膠水或膠紙
- 顏色筆
- 薄紙或縐紙

 請家長用剪刀在杯底剪一個洞。

這個洞能讓你從杯裏把氣呼出。

2 **裝飾你的杯子**，給它加上眼睛、耳朵、鼻子或尾巴，做成你喜歡的動物。來點創意吧！

給家長的話

「過度換氣」是一種不正常的快速呼吸。先試着非常緩慢地呼氣幾下，然後停一停，再回到自然呼吸，便可以防止這種現象。

 把縐紙剪成紙條，用膠水或膠紙沿着杯底內側貼上並風乾。

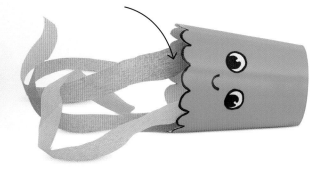

紙條可以貼在杯頂或杯底。

4 **用鼻子吸氣**，再透過杯子把氣緩緩吐出。重複做三次，然後休息一下。完成後，你內心有什麼感覺？

看着你的呼吸怎樣使彩帶飄動。

試試這樣做

你可以參考這些例子，把呼吸伙伴裝飾成你喜歡的模樣。

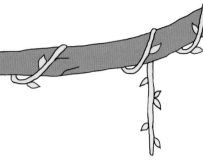

練習 20
打呵欠

我們有時會心情不好，或者陷在憂傷、緊張、失望或憤怒的情緒之中，難以知道自己真正需要什麼。這時候不妨打個呵欠，重新開始，或許對事情會有幫助。

你可以向上、向前或向兩邊伸展，隨你決定。

深呼吸

只要你一直想着打呵欠，可能真的能夠做到。試試站直，握拳，手臂向上伸個懶腰，然後用口深吸一口氣。

 給家長的話

科學家暫時還不確定我們打呵欠的真正原因。也許它能幫助我們保持清醒，甚至讓頭腦冷靜下來。我們在疲倦或緊張時，都有可能打呵欠。

打不成呵欠也沒關係，這只是個練習而已。

打呵欠時留意一下你的耳朵、顎骨和喉嚨，它們似乎也跟着伸展。

你打呵欠的時候，看看身邊的人是不是也跟着打呵欠。

伸懶腰

你也可以試試張開手指和手掌，手臂盡量向外伸展，來伸個大懶腰。張口吸氣時，可以把眼睛閉上。

打完呵欠後，輕輕地放下手臂，然後花點時間去留意自己的感覺。你心裏有沒有感到不一樣？還是跟之前差不多？記住，感覺是沒有對與錯的。

種種子

　　種子會變化，我們也一樣。植物有不同的生長過程和速度，需要耐心等待它成長——我們也一樣！你可以給予種子關愛、照顧和耐心，讓它能茁壯成長。

澆水時，只要讓泥土濕潤就可以停止，以免變成泥巴！

記得挖完要洗手呢！

給種子澆水， 然後把花盆放在有陽光的地方。 ③

用泥土填滿花盆後， 用手指挖一個小洞。把一顆種子放進洞裏，再用泥土蓋住，直到看不見種子。 ②

澆水時，托盤可以接住漏出來的水。

在花盆下面放一個托盤， 再在花盆裏加些小圓石蓋住底部的洞，防止泥土掉出來。 ①

事前準備：

- 花盆（底部要有個小洞來排水）
- 托盤
- 小圓石
- 泥土
- 向日葵種子
- 水

給家長的話

盆栽太乾時，要給它澆水。
種子需要好幾天才會發芽，
你得慢慢等待，鍛煉一下你
的耐性。

不一定每顆
種子都會發芽，所以
最好多種幾顆。一旦發
芽，過多的陽光也會使幼
苗枯萎，須視乎情況調
整花盆的位置。

每天檢查幼苗，這只需花幾分
鐘，卻是練習正念的好機會。記得
每次觀察都要注意任何細微的變
化！待幼苗長大一些，要把它移到
另一個較大的花盆。

4

運用你的想像力，沿着這幅圖片的河流游走。不用急，只要跟着彎彎曲曲的河水順流而下就可以了。

練習 22
順其自然

順其自然的意思就是接受現狀，不要試圖立刻改變它。這技巧能幫助我們從容面對突發的事件，或意想不到的狀況。

想像自己是一條彎曲小溪裏的水，不時需要隨着水流改變方向。在現實生活中，我們有時也不得不那麼做。

試試畫一個迷宮，裏面有很多岔路和死路。耐心地走，並用手指描出你的路線。就像人生一樣，有時得選擇走哪一條路。

偶爾你會遇到阻礙，但與其生氣或讓自己陷入困局，不如稍停一下，看看你現在有什麼可以做，哪怕只是一點小改變。

51

關愛就是讓自己和別人感受到**仁慈**與**在乎**。

關愛 Care

你內心充滿了愛和關懷，將這些溫暖的情感分享給別人，你也會覺得開心。先要好好對待自己，這樣才能培養更多愛心，獻給這個世界。

記得要照顧**自己**和別人。

越是在意、關注和耐心，**關愛**也隨之增加。

練習 23
開懷擁抱

讓身體幫助你感受到愛和關懷，例如給自己一個擁抱，提醒你要關愛自己。

給家長的話

引導孩子一邊張開手臂，一邊想着所有愛他們的人，然後懷着這種被關愛的感覺輕輕抱住自己。

坐直，張開手臂，稍微抬頭，然後吸氣。

呼氣，手臂交叉，擁抱自己。收緊下巴，眼睛朝下，隨你決定要不要閉上眼睛。

我的狗

你最關心的是誰？

請列出你關心的人，其中可能包括你的父母、祖父母、兄弟姊妹和朋友，還有那些照顧你的人。

我關心我的媽媽。

練習 24
愛心剪貼簿

凡是你所關心的，都會影響你的情緒和行為。想一想你在生活中關心的人和事物，試試做一本剪貼簿，記錄你想到的東西。

照顧好自己

記得關心身邊的人，也要關心你自己。這跟保持整潔、刷牙或安排時間做正念練習同樣簡單。

我會在睡前看一本我最喜歡的書。

記得善待別人和你自己。

我的家人

我的單車

我的顏色筆

我的向日葵

你會帶什麼去旅行？
不如試試列出十件你在乎的東西，再想想這些東西為何對你那麼重要。

立志善待身邊每一個人
這樣做不但會令別人開心，自己也會很開心！請想一想，每天可以用什麼方式向別人表達善意。

- 給家人一個擁抱
- 畫一幅圖畫送給朋友
- 主動幫助別人
- 專心聆聽別人說話
- 跟別人分享玩具
- 保持微笑

給我的好朋友

練習 25
正念進食

我們通常吃得很快，幾乎不曾停下來注意自己在吃什麼。我們錯過了什麼嗎？試一試正念進食，即耐心地用感官去感受眼前的食物。

 給家長的話

鼓勵孩子嘗試以正念吃一頓飯，安靜地進食五分鐘，並請他們留意正念進食跟平時吃飯有什麼不一樣，然後再一起討論。

找一個小食，一粒乾果就可以。首先仔細觀察它，注意它的顏色、形狀和紋路。

用手指去感覺那小食的溫度和質感，輕輕地捏一下它，是軟軟的還是黏黏的？

把它放在耳邊，用手指搓搓它。你能聽見什麼嗎？

4 把它放在鼻前，

好好聞一聞。你熟悉這味道嗎？會不會令你食指大動？

5 只用舌尖嘗嘗，

然後放進嘴裏，但要從一數到十才開始咀嚼。你有注意到什麼嗎？嘗到什麼味道？

試試這樣做

看看可不可以每口食物咀嚼十五下，這跟一口吃下去的感覺有什麼不同嗎？每一下咀嚼後，食物的味道有沒有變化？

練習 26
愛心泡泡

有時內心的想法和情感是很難跟別人分享的，即使那是正面的感受，也難以宣之於口。何不把你的愛心和善意放進泡泡裏傳送出去？

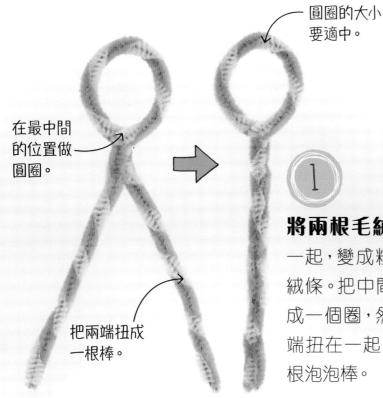

圓圈的大小要適中。

在最中間的位置做圓圈。

把兩端扭成一根棒。

1

將兩根毛絨條扭在一起，變成粗粗的毛絨條。把中間部分彎成一個圈，然後把兩端扭在一起，做成一根泡泡棒。

2

將相同分量的水和洗潔精倒入瓶中攪拌，再加一點甘油，做成自製的泡泡水。

試試這樣做

你可以用不同方式裝飾泡泡棒，例如把它扭成不同的形狀，或在棒上加幾顆串珠，珠子可以使泡泡棒更加結實啊！

把棒放進調好的泡泡水裏蘸一蘸,然後輕輕吹出泡泡。看着它飄到半空時,想像泡泡裏裝滿了你對他人的愛心,把愛散播開去。

小心!滴下來的泡泡水會使地面濕滑,最好在戶外進行這個活動。

請孩子不要只向朋友表達愛心,也向那些跟自己合不來的人傳達善意,培養同理心。

給家長的話

59

想想看，
哪一個正念練習
對你最有用？

反思 Reflect

智慧就是運用你所學的，作出明智的決
定。你可以從寓言、書籍或親朋戚友之中吸
取智慧。你也可以透過反省，或仔細
思考自己的經驗而獲得智慧。

記得要
反思
你在正念練習中
注意到的事情。

反思可以
把經驗轉化成
智慧。

練習 27
讓心和腹部呼吸

正念提醒你要習慣經常停下來覺察自己。
記得要與心靈結合，才能好好了解自己。

☆ 給家長的話

你可以引導孩子
通過反思，從正念練習
中學習，例如問問他們：
你注意到什麼？你是不是
分心了？你感受到呼吸
的變化嗎？

強烈的情緒或許會讓
你分心，但感覺沒有對
與錯，只須注意自己生
起了這情緒。

留意呼吸和情緒
是怎樣互相配合，例如
想睡覺或清醒的時候，
呼吸的節奏各有不同。

如果你感到憂慮，
注意呼吸或許會帶
來變化。

左邊胸口的心跳比
右邊的強，所以把
手放在胸口偏左的
位置，比較容易感
覺到心跳。

自我檢查

一隻手放在胸口，另一隻手放
在腹部，感受一下你氣息的流
動和心跳的節奏。這時候，腦
海中可能會冒出一些念頭或情
緒。你只須意識到這一點，然
後重新把焦點放回身體。

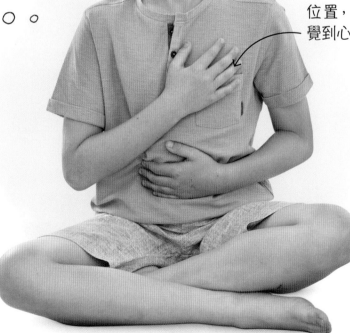

感恩紙環

時間流逝得很快，使我們很容易遺忘生活中愉快的點點滴滴，這個活動可以幫助你覺察每一件值得感恩的事情。

給家長的話

你可以用問問題的方式，幫助孩子思考值得他們感恩的事。例如：有什麼是你很擅長而又喜歡做的？什麼能令你會心微笑？

事前準備：

- 不同顏色的紙張
- 剪刀
- 筆
- 膠水或膠紙

1 **用剪刀剪出**顏色紙條，紙條要有足夠的闊度寫字。

② **把你感恩的事寫在**每張紙條上，如果想不到，就回想一下有什麼能令你微笑。

我的朋友

③ **取一張紙條，**用膠水或膠紙把兩端黏在一起，做成一個圓環。然後把另一張紙條穿過第一個圓環，做出第二個圓環。重複以上步驟，就可以形成一串紙環了。

63

練習 29
身體正念

正念需要用心，而且不加批判地把注意力集中起來。請用五分鐘時間，留意你身體各部位。盡量不去想喜不喜歡，只想着它們是多麼有用！

注意你的腳。你的腳趾可能感到很冷或很暖，試將注意力從腳趾移到腳底，然後到腳跟。

將注意力轉移到雙腿。想想你走路、跑步和跳躍時，是多麼需要它們。衷心地感謝它們所做的一切吧！

將注意力轉移到你的呼吸，感受空氣進入你的肺部。當空氣在你體內，會不會較易或較難覺察？

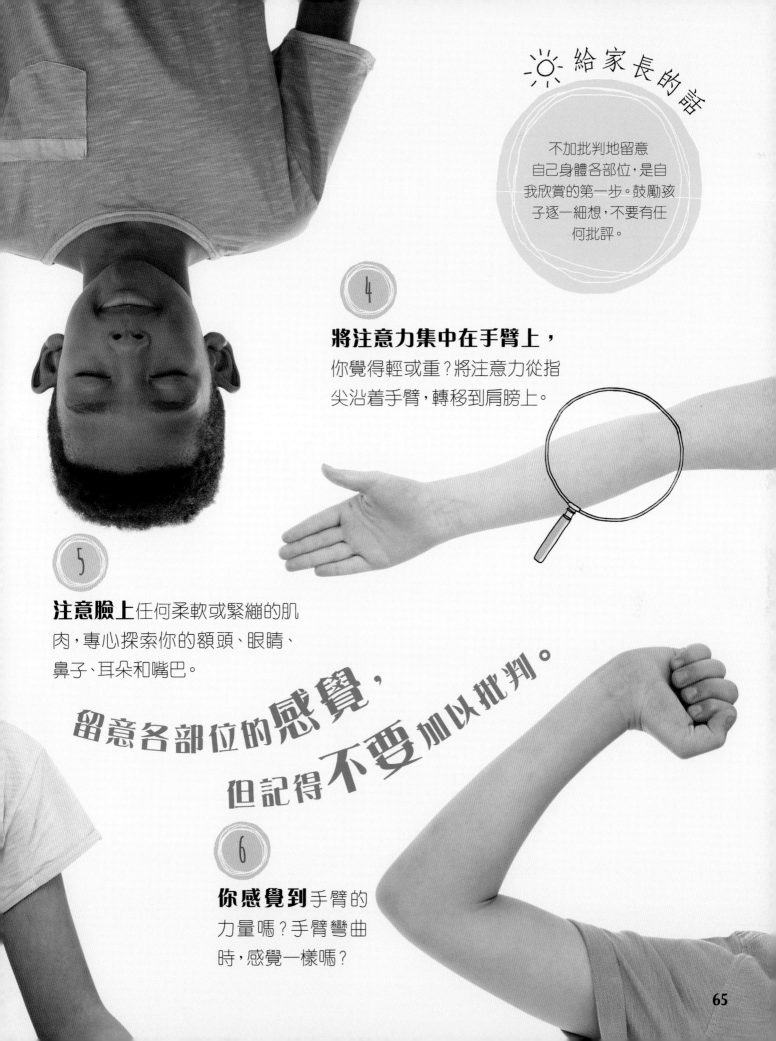

☀ 給家長的話

不加批判地留意
自己身體各部位，是自
我欣賞的第一步。鼓勵孩
子逐一細想，不要有任
何批評。

4

將注意力集中在手臂上，
你覺得輕或重？將注意力從指
尖沿着手臂，轉移到肩膀上。

5

注意臉上任何柔軟或緊繃的肌
肉，專心探索你的額頭、眼睛、
鼻子、耳朵和嘴巴。

留意各部位的**感覺，**
但記得**不要加以批判。**

6

你感覺到手臂的
力量嗎？手臂彎曲
時，感覺一樣嗎？

練習 30
我的正念計劃

正念必須持之以恆地練習，才會對你有幫助。
嘗試為自己訂一個正念計劃，看看每天哪些時段可
以做幾分鐘正念練習。

試試一天多次檢查自己的情緒。 如果每天
在固定的時間這麼做，例如起牀、吃午餐和睡覺
前，你就不會輕易忘記。檢查完，何不順道做做
正念練習？

① **起牀，檢查**。這一刻你有什麼感覺？心情如
何？將注意力集中在你的身體，還可以做做
第14至15頁的踏、坐、搓練習。

② **吃午餐，重設**。到了中午，可能你已準備好
接受改變。試試做第32至33頁的畫彩虹練
習，或做第46至47頁的練習，打個呵欠調整
一下，提升精力好迎接下午。

③ **準備睡覺**。臨睡前，你可能需要平靜下來。
試試做第21頁的畫手掌練習，把注意力集中
在呼吸上。

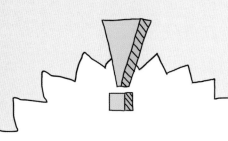

每天設定一個正念的目標，目標不用太遠大，可以小至停下來用一分鐘留意自己當時的感覺。

今天我要……

你可以事先計劃好做什麼正念練習，這樣當你想做時，一切已準備就緒。這些準備可以簡單如畫個圖案留待日後填色，不一定要像這本書裏介紹的手工那麼複雜。

正念填色需要你發揮創意，畫出不同的形狀，再隨意填上顏色。好好欣賞各種顏色和形狀——任何顏色和形狀都可以很完美。

在一天結束時，反思做得好的地方。你有嘗試以正念來做什麼事嗎？有看到什麼如果沒正念你可能不會注意到的東西嗎？

我在公園裏發現一根羽毛。
羽毛很小，一端是咖啡色，
另一端是白色的。

睡前的例行活動

　　睡覺不一定是件容易的事。事實上，我們有時很難入睡，尤其半夜醒來，就更難再次入睡。你可以學習怎樣透過睡前的例行活動，讓自己做好睡眠的準備。

為什麼我們要睡覺？

我們的身體會利用睡覺的時間成長、修復及重設以迎接新的一天。如果我們不睡覺，就會感到疲倦和不愉快。

治療
睡眠給予身體修復的時間。這時候，你的肌肉可以休息、康復，然後長得更強壯。

精力
若缺乏睡眠，你會很快疲倦。睡眠讓大腦重新充電，準備好吸收新事物。

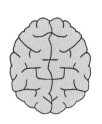

記憶
大腦會利用睡眠時間來整理新記憶，儲存重要的資訊。

發育
你的身體主要在睡覺的時候發育。因為在夜間，體內會分泌較多生長激素。

強光和藍光

強烈的光線使大腦很難慢下來進入睡眠狀態。尤其是藍光，它讓大腦以為還在白天。電子產品會發出藍光，試試睡前一小時把所有熒幕關掉，讓自己產生睡意。

上牀睡覺前，給自己足夠的時間放鬆。

避免睡前使用電子產品。

試試這樣做

做一個睡前程序表，列出各項準備睡覺的步驟，兩項一組連續做為佳。

- 更衣，刷牙。
- 做一個平靜的正念練習，上牀。
- 關燈，閉上眼睛。

小孩子每晚要睡
10至12小時。

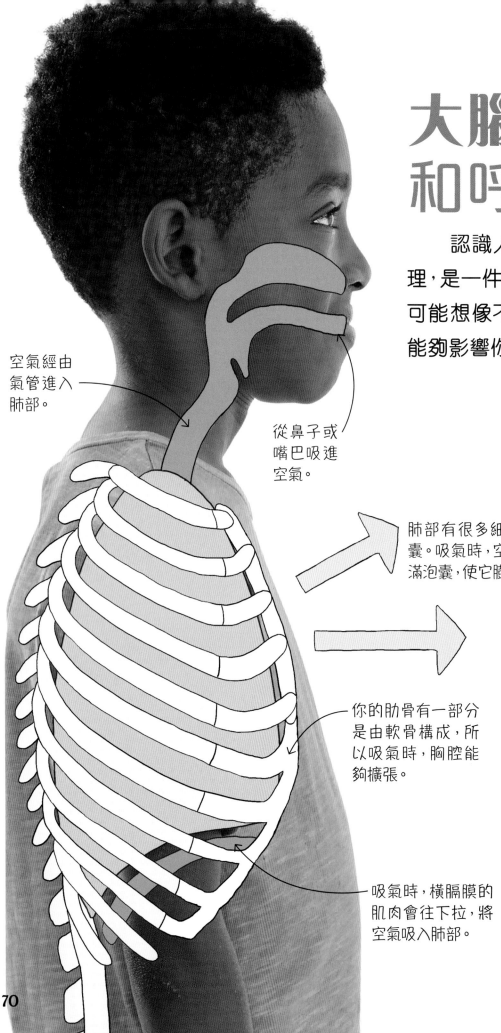

大腦、身體和呼吸

認識人體運作蘊藏的科學原理，是一件既有趣又有用的事。你可能想像不到，原來大腦和呼吸能夠影響你的情緒。

空氣經由氣管進入肺部。

從鼻子或嘴巴吸進空氣。

肺部有很多細小的泡囊。吸氣時，空氣會充滿泡囊，使它膨脹。

你的肋骨有一部分是由軟骨構成，所以吸氣時，胸腔能夠擴張。

吸氣時，橫膈膜的肌肉會往下拉，將空氣吸入肺部。

肺部

肺部會從空氣中吸取氧氣，然後排出多餘的二氧化碳。當你擔心時，呼吸可能會加速，以致比放鬆時流失更多二氧化碳，因而使你產生焦慮的感覺。這時候，慢慢地深呼吸幾下，可以幫助你平靜下來。因為這樣做等於告訴大腦你很安全，沒什麼危險，毋須擔心。

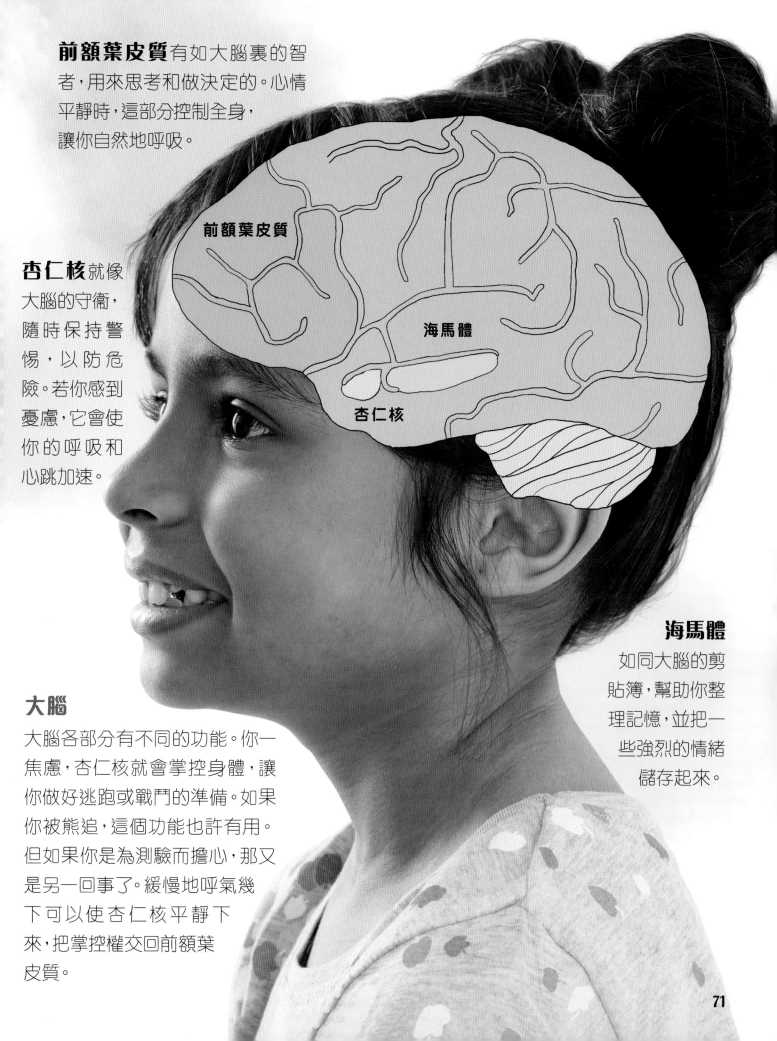

前額葉皮質有如大腦裏的智者,用來思考和做決定的。心情平靜時,這部分控制全身,讓你自然地呼吸。

前額葉皮質

杏仁核就像大腦的守衞,隨時保持警惕,以防危險。若你感到憂慮,它會使你的呼吸和心跳加速。

海馬體

杏仁核

大腦

大腦各部分有不同的功能。你一焦慮,杏仁核就會掌控身體,讓你做好逃跑或戰鬥的準備。如果你被熊追,這個功能也許有用。但如果你是為測驗而擔心,那又是另一回事了。緩慢地呼氣幾下可以使杏仁核平靜下來,把掌控權交回前額葉皮質。

海馬體
如同大腦的剪貼簿,幫助你整理記憶,並把一些強烈的情緒儲存起來。

正念教養

自從有了小孩，我更加發現正念練習對自己與家人的正面影響。

以前以為要小孩好，我就一定要怎樣怎樣教他們。但現在發現很多事情基本上兒子都懂，他只是需要一個榜樣。其實小孩只會複製別人的言行，所以若要說正念育兒，我覺得最需要被教育的並不是小孩，而是父母本身。

透過與兒子互動，我學會觀察自己的感受、想法與投射，並且自問這是否我真正想要表達的自己。影響小孩的並不是我表面的行為，而是行為背後的態度與情緒。

近來兒子會因為得不到他想要的東西而發脾氣。感恩有正念練習，從觀察他的反應讓我憶起自己面對同樣情況時的感受，並且記得那時我最需要的就是他人的同情。於是我跟兒子說：「你很想要那瓶臉霜，對不對？得不到很不開心，是不是？我不能給你是因為你會拿來吃，這是我不想你做的。」他繼續哭鬧，我就會安靜的坐在他旁邊說：「我知道你不開心。好吧，你慢慢哭，我在這裏等你。」之後我會觀察自己的呼吸、自己的感受（留意並練習容許自己亦有情緒）。其實在等待他的情緒過渡時，我亦在好好認識自己的感受。很有趣的，我越包容自己，他的情緒就越快過去，不到一分鐘他就會笑臉迎人選擇做其他事情了。

感恩自己拿起這本書，因為它真的可以影響你的小孩一生。但請不要以為是書把孩子變好，這本書需要你透過身體力行的正念練習來喚醒它的真正威力！

Janet Lau

資深瑜伽導師、《瑜伽生活禪》及《黑白人生》作者及香港大學佛學輔導碩士課程客席導師

鳴謝

DK would like to thank the following: The models; model agencies Zebedee Management and Urban Angels; Juliana Sergot for hair and make-up; Romi Chakraborty for design help; Katy Lennon for editorial help; Caroline Hunt for proofreading; Helen Peters for indexing; Sakshi Saluja for picture research.

The publisher would like to thank the following for their kind permission to reproduce their photographs:
(Key: a-above; b-below/bottom; c-centre; f-far; l-left; r-right; t-top): 5 Taylor Brown Photography: (cr). 18-19 123RF.com: linux87. 28-29 Dreamstime.com: Lunamarina. 40-41 Getty Images: Andriy Prokopenko. 50-51 Getty Images: Mitch Diamond. 54 123RF.com: PaylessImages (tl). Dreamstime.com: Andor Bujdoso (br). 55 123RF.com: Leszek Czerwonka (cl). Dreamstime.com: Rusel1981 (tl)

All other images © Dorling Kindersley
For further information see: www.dkimages.com